" **La vie est trop courte pour avoir une coupe ennuyeuse...** "

Ce carnet appartient à :

_____

_____

SEMAINE N° ....

Date : _____

	Lundi	Mardi	Mercredi	Jeudi	Vendredi	Samedi
8h00						
8h15						
8h30						
8h45						
9h00						
9h15						
9h30						
9h45						
10h00						
10h15						
10h30						
10h45						
11h00						
11h15						
11h30						
11h45						
12h00						
12h15						
12h30						
12h45						
13h00						

	Lundi	Mardi	Mercredi	Jeudi	Vendredi	Samedi
14h00						
14h15						
14h30						
14h45						
15h00						
15h15						
15h30						
15h45						
16h00						
16h15						
16h30						
16h45						
17h00						
17h15						
17h30						
17h45						
18h00						
18h15						
18h30						
18h45						
19h00						

SEMAINE N°........

Date : _____

	Lundi	Mardi	Mercredi	Jeudi	Vendredi	Samedi
8h00						
8h15						
8h30						
8h45						
9h00						
9h15						
9h30						
9h45						
10h00						
10h15						
10h30						
10h45						
11h00						
11h15						
11h30						
11h45						
12h00						
12h15						
12h30						
12h45						
13h00						

	Lundi	Mardi	Mercredi	Jeudi	Vendredi	Samedi
14h00						
14h15						
14h30						
14h45						
15h00						
15h15						
15h30						
15h45						
16h00						
16h15						
16h30						
16h45						
17h00						
17h15						
17h30						
17h45						
18h00						
18h15						
18h30						
18h45						
19h00						

SEMAINE N°.........

Date : _____

	Lundi	Mardi	Mercredi	Jeudi	Vendredi	Samedi
8h00						
8h15						
8h30						
8h45						
9h00						
9h15						
9h30						
9h45						
10h00						
10h15						
10h30						
10h45						
11h00						
11h15						
11h30						
11h45						
12h00						
12h15						
12h30						
12h45						
13h00						

	Lundi	Mardi	Mercredi	Jeudi	Vendredi	Samedi
14h00						
14h15						
14h30						
14h45						
15h00						
15h15						
15h30						
15h45						
16h00						
16h15						
16h30						
16h45						
17h00						
17h15						
17h30						
17h45						
18h00						
18h15						
18h30						
18h45						
19h00						

SEMAINE N° ....

Date : _____

	Lundi	Mardi	Mercredi	Jeudi	Vendredi	Samedi
8h00						
8h15						
8h30						
8h45						
9h00						
9h15						
9h30						
9h45						
10h00						
10h15						
10h30						
10h45						
11h00						
11h15						
11h30						
11h45						
12h00						
12h15						
12h30						
12h45						
13h00						

	Lundi	Mardi	Mercredi	Jeudi	Vendredi	Samedi
14h00						
14h15						
14h30						
14h45						
15h00						
15h15						
15h30						
15h45						
16h00						
16h15						
16h30						
16h45						
17h00						
17h15						
17h30						
17h45						
18h00						
18h15						
18h30						
18h45						
19h00						

SEMAINE N°.........

Date : _____

	Lundi	Mardi	Mercredi	Jeudi	Vendredi	Samedi
8h00						
8h15						
8h30						
8h45						
9h00						
9h15						
9h30						
9h45						
10h00						
10h15						
10h30						
10h45						
11h00						
11h15						
11h30						
11h45						
12h00						
12h15						
12h30						
12h45						
13h00						

	Lundi	Mardi	Mercredi	Jeudi	Vendredi	Samedi
14h00						
14h15						
14h30						
14h45						
15h00						
15h15						
15h30						
15h45						
16h00						
16h15						
16h30						
16h45						
17h00						
17h15						
17h30						
17h45						
18h00						
18h15						
18h30						
18h45						
19h00						

SEMAINE N°.........

Date : _____

	Lundi	Mardi	Mercredi	Jeudi	Vendredi	Samedi
8h00						
8h15						
8h30						
8h45						
9h00						
9h15						
9h30						
9h45						
10h00						
10h15						
10h30						
10h45						
11h00						
11h15						
11h30						
11h45						
12h00						
12h15						
12h30						
12h45						
13h00						

	Lundi	Mardi	Mercredi	Jeudi	Vendredi	Samedi
14h00						
14h15						
14h30						
14h45						
15h00						
15h15						
15h30						
15h45						
16h00						
16h15						
16h30						
16h45						
17h00						
17h15						
17h30						
17h45						
18h00						
18h15						
18h30						
18h45						
19h00						

SEMAINE N°.........

Date : _____

	Lundi	Mardi	Mercredi	Jeudi	Vendredi	Samedi
8h00						
8h15						
8h30						
8h45						
9h00						
9h15						
9h30						
9h45						
10h00						
10h15						
10h30						
10h45						
11h00						
11h15						
11h30						
11h45						
12h00						
12h15						
12h30						
12h45						
13h00						

	Lundi	Mardi	Mercredi	Jeudi	Vendredi	Samedi
14h00						
14h15						
14h30						
14h45						
15h00						
15h15						
15h30						
15h45						
16h00						
16h15						
16h30						
16h45						
17h00						
17h15						
17h30						
17h45						
18h00						
18h15						
18h30						
18h45						
19h00						

SEMAINE N°........

Date : _____

	Lundi	Mardi	Mercredi	Jeudi	Vendredi	Samedi
8h00						
8h15						
8h30						
8h45						
9h00						
9h15						
9h30						
9h45						
10h00						
10h15						
10h30						
10h45						
11h00						
11h15						
11h30						
11h45						
12h00						
12h15						
12h30						
12h45						
13h00						

	Lundi	Mardi	Mercredi	Jeudi	Vendredi	Samedi
14h00						
14h15						
14h30						
14h45						
15h00						
15h15						
15h30						
15h45						
16h00						
16h15						
16h30						
16h45						
17h00						
17h15						
17h30						
17h45						
18h00						
18h15						
18h30						
18h45						
19h00						

SEMAINE N°.........

Date : _____

	Lundi	Mardi	Mercredi	Jeudi	Vendredi	Samedi
8h00						
8h15						
8h30						
8h45						
9h00						
9h15						
9h30						
9h45						
10h00						
10h15						
10h30						
10h45						
11h00						
11h15						
11h30						
11h45						
12h00						
12h15						
12h30						
12h45						
13h00						

	Lundi	Mardi	Mercredi	Jeudi	Vendredi	Samedi
14h00						
14h15						
14h30						
14h45						
15h00						
15h15						
15h30						
15h45						
16h00						
16h15						
16h30						
16h45						
17h00						
17h15						
17h30						
17h45						
18h00						
18h15						
18h30						
18h45						
19h00						

Date : _____

	Lundi	Mardi	Mercredi	Jeudi	Vendredi	Samedi
8h00						
8h15						
8h30						
8h45						
9h00						
9h15						
9h30						
9h45						
10h00						
10h15						
10h30						
10h45						
11h00						
11h15						
11h30						
11h45						
12h00						
12h15						
12h30						
12h45						
13h00						

	Lundi	Mardi	Mercredi	Jeudi	Vendredi	Samedi
14h00						
14h15						
14h30						
14h45						
15h00						
15h15						
15h30						
15h45						
16h00						
16h15						
16h30						
16h45						
17h00						
17h15						
17h30						
17h45						
18h00						
18h15						
18h30						
18h45						
19h00						

SEMAINE N°.........

Date : _____

	Lundi	Mardi	Mercredi	Jeudi	Vendredi	Samedi
8h00						
8h15						
8h30						
8h45						
9h00						
9h15						
9h30						
9h45						
10h00						
10h15						
10h30						
10h45						
11h00						
11h15						
11h30						
11h45						
12h00						
12h15						
12h30						
12h45						
13h00						

	Lundi	Mardi	Mercredi	Jeudi	Vendredi	Samedi
14h00						
14h15						
14h30						
14h45						
15h00						
15h15						
15h30						
15h45						
16h00						
16h15						
16h30						
16h45						
17h00						
17h15						
17h30						
17h45						
18h00						
18h15						
18h30						
18h45						
19h00						

SEMAINE N°.........

Date : _____

	Lundi	Mardi	Mercredi	Jeudi	Vendredi	Samedi
8h00						
8h15						
8h30						
8h45						
9h00						
9h15						
9h30						
9h45						
10h00						
10h15						
10h30						
10h45						
11h00						
11h15						
11h30						
11h45						
12h00						
12h15						
12h30						
12h45						
13h00						

	Lundi	Mardi	Mercredi	Jeudi	Vendredi	Samedi
14h00						
14h15						
14h30						
14h45						
15h00						
15h15						
15h30						
15h45						
16h00						
16h15						
16h30						
16h45						
17h00						
17h15						
17h30						
17h45						
18h00						
18h15						
18h30						
18h45						
19h00						

SEMAINE N°.........

Date : _____

	Lundi	Mardi	Mercredi	Jeudi	Vendredi	Samedi
8h00						
8h15						
8h30						
8h45						
9h00						
9h15						
9h30						
9h45						
10h00						
10h15						
10h30						
10h45						
11h00						
11h15						
11h30						
11h45						
12h00						
12h15						
12h30						
12h45						
13h00						

	Lundi	Mardi	Mercredi	Jeudi	Vendredi	Samedi
14h00						
14h15						
14h30						
14h45						
15h00						
15h15						
15h30						
15h45						
16h00						
16h15						
16h30						
16h45						
17h00						
17h15						
17h30						
17h45						
18h00						
18h15						
18h30						
18h45						
19h00						

SEMAINE N°.........

Date : _____

	Lundi	Mardi	Mercredi	Jeudi	Vendredi	Samedi
8h00						
8h15						
8h30						
8h45						
9h00						
9h15						
9h30						
9h45						
10h00						
10h15						
10h30						
10h45						
11h00						
11h15						
11h30						
11h45						
12h00						
12h15						
12h30						
12h45						
13h00						

	Lundi	Mardi	Mercredi	Jeudi	Vendredi	Samedi
14h00						
14h15						
14h30						
14h45						
15h00						
15h15						
15h30						
15h45						
16h00						
16h15						
16h30						
16h45						
17h00						
17h15						
17h30						
17h45						
18h00						
18h15						
18h30						
18h45						
19h00						

SEMAINE N°.........

Date : _____

	Lundi	Mardi	Mercredi	Jeudi	Vendredi	Samedi
8h00						
8h15						
8h30						
8h45						
9h00						
9h15						
9h30						
9h45						
10h00						
10h15						
10h30						
10h45						
11h00						
11h15						
11h30						
11h45						
12h00						
12h15						
12h30						
12h45						
13h00						

	Lundi	Mardi	Mercredi	Jeudi	Vendredi	Samedi
14h00						
14h15						
14h30						
14h45						
15h00						
15h15						
15h30						
15h45						
16h00						
16h15						
16h30						
16h45						
17h00						
17h15						
17h30						
17h45						
18h00						
18h15						
18h30						
18h45						
19h00						

SEMAINE N°.........

Date : _____

	Lundi	Mardi	Mercredi	Jeudi	Vendredi	Samedi
8h00						
8h15						
8h30						
8h45						
9h00						
9h15						
9h30						
9h45						
10h00						
10h15						
10h30						
10h45						
11h00						
11h15						
11h30						
11h45						
12h00						
12h15						
12h30						
12h45						
13h00						

	Lundi	Mardi	Mercredi	Jeudi	Vendredi	Samedi
14h00						
14h15						
14h30						
14h45						
15h00						
15h15						
15h30						
15h45						
16h00						
16h15						
16h30						
16h45						
17h00						
17h15						
17h30						
17h45						
18h00						
18h15						
18h30						
18h45						
19h00						

SEMAINE N°.........

Date : _____

	Lundi	Mardi	Mercredi	Jeudi	Vendredi	Samedi
8h00						
8h15						
8h30						
8h45						
9h00						
9h15						
9h30						
9h45						
10h00						
10h15						
10h30						
10h45						
11h00						
11h15						
11h30						
11h45						
12h00						
12h15						
12h30						
12h45						
13h00						

	Lundi	Mardi	Mercredi	Jeudi	Vendredi	Samedi
14h00						
14h15						
14h30						
14h45						
15h00						
15h15						
15h30						
15h45						
16h00						
16h15						
16h30						
16h45						
17h00						
17h15						
17h30						
17h45						
18h00						
18h15						
18h30						
18h45						
19h00						

SEMAINE N° ....

Date : _____

	Lundi	Mardi	Mercredi	Jeudi	Vendredi	Samedi
8h00						
8h15						
8h30						
8h45						
9h00						
9h15						
9h30						
9h45						
10h00						
10h15						
10h30						
10h45						
11h00						
11h15						
11h30						
11h45						
12h00						
12h15						
12h30						
12h45						
13h00						

	Lundi	Mardi	Mercredi	Jeudi	Vendredi	Samedi
14h00						
14h15						
14h30						
14h45						
15h00						
15h15						
15h30						
15h45						
16h00						
16h15						
16h30						
16h45						
17h00						
17h15						
17h30						
17h45						
18h00						
18h15						
18h30						
18h45						
19h00						

SEMAINE N°.........

Date : _____

	Lundi	Mardi	Mercredi	Jeudi	Vendredi	Samedi
8h00						
8h15						
8h30						
8h45						
9h00						
9h15						
9h30						
9h45						
10h00						
10h15						
10h30						
10h45						
11h00						
11h15						
11h30						
11h45						
12h00						
12h15						
12h30						
12h45						
13h00						

	Lundi	Mardi	Mercredi	Jeudi	Vendredi	Samedi
14h00						
14h15						
14h30						
14h45						
15h00						
15h15						
15h30						
15h45						
16h00						
16h15						
16h30						
16h45						
17h00						
17h15						
17h30						
17h45						
18h00						
18h15						
18h30						
18h45						
19h00						

SEMAINE N°.........

Date : _____

	Lundi	Mardi	Mercredi	Jeudi	Vendredi	Samedi
8h00						
8h15						
8h30						
8h45						
9h00						
9h15						
9h30						
9h45						
10h00						
10h15						
10h30						
10h45						
11h00						
11h15						
11h30						
11h45						
12h00						
12h15						
12h30						
12h45						
13h00						

	Lundi	Mardi	Mercredi	Jeudi	Vendredi	Samedi
14h00						
14h15						
14h30						
14h45						
15h00						
15h15						
15h30						
15h45						
16h00						
16h15						
16h30						
16h45						
17h00						
17h15						
17h30						
17h45						
18h00						
18h15						
18h30						
18h45						
19h00						

SEMAINE N°.........

Date : _____

	Lundi	Mardi	Mercredi	Jeudi	Vendredi	Samedi
8h00						
8h15						
8h30						
8h45						
9h00						
9h15						
9h30						
9h45						
10h00						
10h15						
10h30						
10h45						
11h00						
11h15						
11h30						
11h45						
12h00						
12h15						
12h30						
12h45						
13h00						

	Lundi	Mardi	Mercredi	Jeudi	Vendredi	Samedi
14h00						
14h15						
14h30						
14h45						
15h00						
15h15						
15h30						
15h45						
16h00						
16h15						
16h30						
16h45						
17h00						
17h15						
17h30						
17h45						
18h00						
18h15						
18h30						
18h45						
19h00						

SEMAINE N°.........

Date : _____

	Lundi	Mardi	Mercredi	Jeudi	Vendredi	Samedi
8h00						
8h15						
8h30						
8h45						
9h00						
9h15						
9h30						
9h45						
10h00						
10h15						
10h30						
10h45						
11h00						
11h15						
11h30						
11h45						
12h00						
12h15						
12h30						
12h45						
13h00						

	Lundi	Mardi	Mercredi	Jeudi	Vendredi	Samedi
14h00						
14h15						
14h30						
14h45						
15h00						
15h15						
15h30						
15h45						
16h00						
16h15						
16h30						
16h45						
17h00						
17h15						
17h30						
17h45						
18h00						
18h15						
18h30						
18h45						
19h00						

SEMAINE N° ....

Date : _____

	Lundi	Mardi	Mercredi	Jeudi	Vendredi	Samedi
8h00						
8h15						
8h30						
8h45						
9h00						
9h15						
9h30						
9h45						
10h00						
10h15						
10h30						
10h45						
11h00						
11h15						
11h30						
11h45						
12h00						
12h15						
12h30						
12h45						
13h00						

	Lundi	Mardi	Mercredi	Jeudi	Vendredi	Samedi
14h00						
14h15						
14h30						
14h45						
15h00						
15h15						
15h30						
15h45						
16h00						
16h15						
16h30						
16h45						
17h00						
17h15						
17h30						
17h45						
18h00						
18h15						
18h30						
18h45						
19h00						

SEMAINE N°.........

Date : _____

	Lundi	Mardi	Mercredi	Jeudi	Vendredi	Samedi
8h00						
8h15						
8h30						
8h45						
9h00						
9h15						
9h30						
9h45						
10h00						
10h15						
10h30						
10h45						
11h00						
11h15						
11h30						
11h45						
12h00						
12h15						
12h30						
12h45						
13h00						

	Lundi	Mardi	Mercredi	Jeudi	Vendredi	Samedi
14h00						
14h15						
14h30						
14h45						
15h00						
15h15						
15h30						
15h45						
16h00						
16h15						
16h30						
16h45						
17h00						
17h15						
17h30						
17h45						
18h00						
18h15						
18h30						
18h45						
19h00						

SEMAINE N°.........

Date : _____

	Lundi	Mardi	Mercredi	Jeudi	Vendredi	Samedi
8h00						
8h15						
8h30						
8h45						
9h00						
9h15						
9h30						
9h45						
10h00						
10h15						
10h30						
10h45						
11h00						
11h15						
11h30						
11h45						
12h00						
12h15						
12h30						
12h45						
13h00						

	Lundi	Mardi	Mercredi	Jeudi	Vendredi	Samedi
14h00						
14h15						
14h30						
14h45						
15h00						
15h15						
15h30						
15h45						
16h00						
16h15						
16h30						
16h45						
17h00						
17h15						
17h30						
17h45						
18h00						
18h15						
18h30						
18h45						
19h00						

SEMAINE N°.........

Date : _____

	Lundi	Mardi	Mercredi	Jeudi	Vendredi	Samedi
8h00						
8h15						
8h30						
8h45						
9h00						
9h15						
9h30						
9h45						
10h00						
10h15						
10h30						
10h45						
11h00						
11h15						
11h30						
11h45						
12h00						
12h15						
12h30						
12h45						
13h00						

	Lundi	Mardi	Mercredi	Jeudi	Vendredi	Samedi
14h00						
14h15						
14h30						
14h45						
15h00						
15h15						
15h30						
15h45						
16h00						
16h15						
16h30						
16h45						
17h00						
17h15						
17h30						
17h45						
18h00						
18h15						
18h30						
18h45						
19h00						

SEMAINE N°………

Date : _____

	Lundi	Mardi	Mercredi	Jeudi	Vendredi	Samedi
8h00						
8h15						
8h30						
8h45						
9h00						
9h15						
9h30						
9h45						
10h00						
10h15						
10h30						
10h45						
11h00						
11h15						
11h30						
11h45						
12h00						
12h15						
12h30						
12h45						
13h00						

	Lundi	Mardi	Mercredi	Jeudi	Vendredi	Samedi
14h00						
14h15						
14h30						
14h45						
15h00						
15h15						
15h30						
15h45						
16h00						
16h15						
16h30						
16h45						
17h00						
17h15						
17h30						
17h45						
18h00						
18h15						
18h30						
18h45						
19h00						

SEMAINE N°.........

Date : _____

	Lundi	Mardi	Mercredi	Jeudi	Vendredi	Samedi
8h00						
8h15						
8h30						
8h45						
9h00						
9h15						
9h30						
9h45						
10h00						
10h15						
10h30						
10h45						
11h00						
11h15						
11h30						
11h45						
12h00						
12h15						
12h30						
12h45						
13h00						

	Lundi	Mardi	Mercredi	Jeudi	Vendredi	Samedi
14h00						
14h15						
14h30						
14h45						
15h00						
15h15						
15h30						
15h45						
16h00						
16h15						
16h30						
16h45						
17h00						
17h15						
17h30						
17h45						
18h00						
18h15						
18h30						
18h45						
19h00						

SEMAINE N°.........

Date : _____

	Lundi	Mardi	Mercredi	Jeudi	Vendredi	Samedi
8h00						
8h15						
8h30						
8h45						
9h00						
9h15						
9h30						
9h45						
10h00						
10h15						
10h30						
10h45						
11h00						
11h15						
11h30						
11h45						
12h00						
12h15						
12h30						
12h45						
13h00						

	Lundi	Mardi	Mercredi	Jeudi	Vendredi	Samedi
14h00						
14h15						
14h30						
14h45						
15h00						
15h15						
15h30						
15h45						
16h00						
16h15						
16h30						
16h45						
17h00						
17h15						
17h30						
17h45						
18h00						
18h15						
18h30						
18h45						
19h00						

SEMAINE N°.........

Date : _____

	Lundi	Mardi	Mercredi	Jeudi	Vendredi	Samedi
8h00						
8h15						
8h30						
8h45						
9h00						
9h15						
9h30						
9h45						
10h00						
10h15						
10h30						
10h45						
11h00						
11h15						
11h30						
11h45						
12h00						
12h15						
12h30						
12h45						
13h00						

	Lundi	Mardi	Mercredi	Jeudi	Vendredi	Samedi
14h00						
14h15						
14h30						
14h45						
15h00						
15h15						
15h30						
15h45						
16h00						
16h15						
16h30						
16h45						
17h00						
17h15						
17h30						
17h45						
18h00						
18h15						
18h30						
18h45						
19h00						

SEMAINE N°.........

Date : _____

	Lundi	Mardi	Mercredi	Jeudi	Vendredi	Samedi
8h00						
8h15						
8h30						
8h45						
9h00						
9h15						
9h30						
9h45						
10h00						
10h15						
10h30						
10h45						
11h00						
11h15						
11h30						
11h45						
12h00						
12h15						
12h30						
12h45						
13h00						

	Lundi	Mardi	Mercredi	Jeudi	Vendredi	Samedi
14h00						
14h15						
14h30						
14h45						
15h00						
15h15						
15h30						
15h45						
16h00						
16h15						
16h30						
16h45						
17h00						
17h15						
17h30						
17h45						
18h00						
18h15						
18h30						
18h45						
19h00						

SEMAINE N°.........

Date : _____

	Lundi	Mardi	Mercredi	Jeudi	Vendredi	Samedi
8h00						
8h15						
8h30						
8h45						
9h00						
9h15						
9h30						
9h45						
10h00						
10h15						
10h30						
10h45						
11h00						
11h15						
11h30						
11h45						
12h00						
12h15						
12h30						
12h45						
13h00						

	Lundi	Mardi	Mercredi	Jeudi	Vendredi	Samedi
14h00						
14h15						
14h30						
14h45						
15h00						
15h15						
15h30						
15h45						
16h00						
16h15						
16h30						
16h45						
17h00						
17h15						
17h30						
17h45						
18h00						
18h15						
18h30						
18h45						
19h00						

SEMAINE N°.........

Date : _____

	Lundi	Mardi	Mercredi	Jeudi	Vendredi	Samedi
8h00						
8h15						
8h30						
8h45						
9h00						
9h15						
9h30						
9h45						
10h00						
10h15						
10h30						
10h45						
11h00						
11h15						
11h30						
11h45						
12h00						
12h15						
12h30						
12h45						
13h00						

	Lundi	Mardi	Mercredi	Jeudi	Vendredi	Samedi
14h00						
14h15						
14h30						
14h45						
15h00						
15h15						
15h30						
15h45						
16h00						
16h15						
16h30						
16h45						
17h00						
17h15						
17h30						
17h45						
18h00						
18h15						
18h30						
18h45						
19h00						

SEMAINE N°.........

Date : _____

	Lundi	Mardi	Mercredi	Jeudi	Vendredi	Samedi
8h00						
8h15						
8h30						
8h45						
9h00						
9h15						
9h30						
9h45						
10h00						
10h15						
10h30						
10h45						
11h00						
11h15						
11h30						
11h45						
12h00						
12h15						
12h30						
12h45						
13h00						

	Lundi	Mardi	Mercredi	Jeudi	Vendredi	Samedi
14h00						
14h15						
14h30						
14h45						
15h00						
15h15						
15h30						
15h45						
16h00						
16h15						
16h30						
16h45						
17h00						
17h15						
17h30						
17h45						
18h00						
18h15						
18h30						
18h45						
19h00						

SEMAINE N°.........

Date : _____

	Lundi	Mardi	Mercredi	Jeudi	Vendredi	Samedi
8h00						
8h15						
8h30						
8h45						
9h00						
9h15						
9h30						
9h45						
10h00						
10h15						
10h30						
10h45						
11h00						
11h15						
11h30						
11h45						
12h00						
12h15						
12h30						
12h45						
13h00						

	Lundi	Mardi	Mercredi	Jeudi	Vendredi	Samedi
14h00						
14h15						
14h30						
14h45						
15h00						
15h15						
15h30						
15h45						
16h00						
16h15						
16h30						
16h45						
17h00						
17h15						
17h30						
17h45						
18h00						
18h15						
18h30						
18h45						
19h00						

SEMAINE N°.........

Date : _____

	Lundi	Mardi	Mercredi	Jeudi	Vendredi	Samedi
8h00						
8h15						
8h30						
8h45						
9h00						
9h15						
9h30						
9h45						
10h00						
10h15						
10h30						
10h45						
11h00						
11h15						
11h30						
11h45						
12h00						
12h15						
12h30						
12h45						
13h00						

	Lundi	Mardi	Mercredi	Jeudi	Vendredi	Samedi
14h00						
14h15						
14h30						
14h45						
15h00						
15h15						
15h30						
15h45						
16h00						
16h15						
16h30						
16h45						
17h00						
17h15						
17h30						
17h45						
18h00						
18h15						
18h30						
18h45						
19h00						

SEMAINE N°.........

Date : _____

	Lundi	Mardi	Mercredi	Jeudi	Vendredi	Samedi
8h00						
8h15						
8h30						
8h45						
9h00						
9h15						
9h30						
9h45						
10h00						
10h15						
10h30						
10h45						
11h00						
11h15						
11h30						
11h45						
12h00						
12h15						
12h30						
12h45						
13h00						

	Lundi	Mardi	Mercredi	Jeudi	Vendredi	Samedi
14h00						
14h15						
14h30						
14h45						
15h00						
15h15						
15h30						
15h45						
16h00						
16h15						
16h30						
16h45						
17h00						
17h15						
17h30						
17h45						
18h00						
18h15						
18h30						
18h45						
19h00						

SEMAINE N°.........

Date : _____

	Lundi	Mardi	Mercredi	Jeudi	Vendredi	Samedi
8h00						
8h15						
8h30						
8h45						
9h00						
9h15						
9h30						
9h45						
10h00						
10h15						
10h30						
10h45						
11h00						
11h15						
11h30						
11h45						
12h00						
12h15						
12h30						
12h45						
13h00						

	Lundi	Mardi	Mercredi	Jeudi	Vendredi	Samedi
14h00						
14h15						
14h30						
14h45						
15h00						
15h15						
15h30						
15h45						
16h00						
16h15						
16h30						
16h45						
17h00						
17h15						
17h30						
17h45						
18h00						
18h15						
18h30						
18h45						
19h00						

SEMAINE N°.........

Date : _____

	Lundi	Mardi	Mercredi	Jeudi	Vendredi	Samedi
8h00						
8h15						
8h30						
8h45						
9h00						
9h15						
9h30						
9h45						
10h00						
10h15						
10h30						
10h45						
11h00						
11h15						
11h30						
11h45						
12h00						
12h15						
12h30						
12h45						
13h00						

	Lundi	Mardi	Mercredi	Jeudi	Vendredi	Samedi
14h00						
14h15						
14h30						
14h45						
15h00						
15h15						
15h30						
15h45						
16h00						
16h15						
16h30						
16h45						
17h00						
17h15						
17h30						
17h45						
18h00						
18h15						
18h30						
18h45						
19h00						

SEMAINE N°.........

Date : _____

	Lundi	Mardi	Mercredi	Jeudi	Vendredi	Samedi
8h00						
8h15						
8h30						
8h45						
9h00						
9h15						
9h30						
9h45						
10h00						
10h15						
10h30						
10h45						
11h00						
11h15						
11h30						
11h45						
12h00						
12h15						
12h30						
12h45						
13h00						

	Lundi	Mardi	Mercredi	Jeudi	Vendredi	Samedi
14h00						
14h15						
14h30						
14h45						
15h00						
15h15						
15h30						
15h45						
16h00						
16h15						
16h30						
16h45						
17h00						
17h15						
17h30						
17h45						
18h00						
18h15						
18h30						
18h45						
19h00						

SEMAINE N°.........

Date : _____

	Lundi	Mardi	Mercredi	Jeudi	Vendredi	Samedi
8h00						
8h15						
8h30						
8h45						
9h00						
9h15						
9h30						
9h45						
10h00						
10h15						
10h30						
10h45						
11h00						
11h15						
11h30						
11h45						
12h00						
12h15						
12h30						
12h45						
13h00						

	Lundi	Mardi	Mercredi	Jeudi	Vendredi	Samedi
14h00						
14h15						
14h30						
14h45						
15h00						
15h15						
15h30						
15h45						
16h00						
16h15						
16h30						
16h45						
17h00						
17h15						
17h30						
17h45						
18h00						
18h15						
18h30						
18h45						
19h00						

SEMAINE N°.........

Date : _____

	Lundi	Mardi	Mercredi	Jeudi	Vendredi	Samedi
8h00						
8h15						
8h30						
8h45						
9h00						
9h15						
9h30						
9h45						
10h00						
10h15						
10h30						
10h45						
11h00						
11h15						
11h30						
11h45						
12h00						
12h15						
12h30						
12h45						
13h00						

	Lundi	Mardi	Mercredi	Jeudi	Vendredi	Samedi
14h00						
14h15						
14h30						
14h45						
15h00						
15h15						
15h30						
15h45						
16h00						
16h15						
16h30						
16h45						
17h00						
17h15						
17h30						
17h45						
18h00						
18h15						
18h30						
18h45						
19h00						

SEMAINE N°.........

Date : _____

	Lundi	Mardi	Mercredi	Jeudi	Vendredi	Samedi
8h00						
8h15						
8h30						
8h45						
9h00						
9h15						
9h30						
9h45						
10h00						
10h15						
10h30						
10h45						
11h00						
11h15						
11h30						
11h45						
12h00						
12h15						
12h30						
12h45						
13h00						

	Lundi	Mardi	Mercredi	Jeudi	Vendredi	Samedi
14h00						
14h15						
14h30						
14h45						
15h00						
15h15						
15h30						
15h45						
16h00						
16h15						
16h30						
16h45						
17h00						
17h15						
17h30						
17h45						
18h00						
18h15						
18h30						
18h45						
19h00						

SEMAINE N°.........

Date : _____

	Lundi	Mardi	Mercredi	Jeudi	Vendredi	Samedi
8h00						
8h15						
8h30						
8h45						
9h00						
9h15						
9h30						
9h45						
10h00						
10h15						
10h30						
10h45						
11h00						
11h15						
11h30						
11h45						
12h00						
12h15						
12h30						
12h45						
13h00						

	Lundi	Mardi	Mercredi	Jeudi	Vendredi	Samedi
14h00						
14h15						
14h30						
14h45						
15h00						
15h15						
15h30						
15h45						
16h00						
16h15						
16h30						
16h45						
17h00						
17h15						
17h30						
17h45						
18h00						
18h15						
18h30						
18h45						
19h00						

SEMAINE N°.........

Date : _____

	Lundi	Mardi	Mercredi	Jeudi	Vendredi	Samedi
8h00						
8h15						
8h30						
8h45						
9h00						
9h15						
9h30						
9h45						
10h00						
10h15						
10h30						
10h45						
11h00						
11h15						
11h30						
11h45						
12h00						
12h15						
12h30						
12h45						
13h00						

	Lundi	Mardi	Mercredi	Jeudi	Vendredi	Samedi
14h00						
14h15						
14h30						
14h45						
15h00						
15h15						
15h30						
15h45						
16h00						
16h15						
16h30						
16h45						
17h00						
17h15						
17h30						
17h45						
18h00						
18h15						
18h30						
18h45						
19h00						

SEMAINE N°.........

Date : _____

	Lundi	Mardi	Mercredi	Jeudi	Vendredi	Samedi
8h00						
8h15						
8h30						
8h45						
9h00						
9h15						
9h30						
9h45						
10h00						
10h15						
10h30						
10h45						
11h00						
11h15						
11h30						
11h45						
12h00						
12h15						
12h30						
12h45						
13h00						

	Lundi	Mardi	Mercredi	Jeudi	Vendredi	Samedi
14h00						
14h15						
14h30						
14h45						
15h00						
15h15						
15h30						
15h45						
16h00						
16h15						
16h30						
16h45						
17h00						
17h15						
17h30						
17h45						
18h00						
18h15						
18h30						
18h45						
19h00						

SEMAINE N°.........

Date : _____

	Lundi	Mardi	Mercredi	Jeudi	Vendredi	Samedi
8h00						
8h15						
8h30						
8h45						
9h00						
9h15						
9h30						
9h45						
10h00						
10h15						
10h30						
10h45						
11h00						
11h15						
11h30						
11h45						
12h00						
12h15						
12h30						
12h45						
13h00						

	Lundi	Mardi	Mercredi	Jeudi	Vendredi	Samedi
14h00						
14h15						
14h30						
14h45						
15h00						
15h15						
15h30						
15h45						
16h00						
16h15						
16h30						
16h45						
17h00						
17h15						
17h30						
17h45						
18h00						
18h15						
18h30						
18h45						
19h00						

SEMAINE N°.........

Date : _____

	Lundi	Mardi	Mercredi	Jeudi	Vendredi	Samedi
8h00						
8h15						
8h30						
8h45						
9h00						
9h15						
9h30						
9h45						
10h00						
10h15						
10h30						
10h45						
11h00						
11h15						
11h30						
11h45						
12h00						
12h15						
12h30						
12h45						
13h00						

	Lundi	Mardi	Mercredi	Jeudi	Vendredi	Samedi
14h00						
14h15						
14h30						
14h45						
15h00						
15h15						
15h30						
15h45						
16h00						
16h15						
16h30						
16h45						
17h00						
17h15						
17h30						
17h45						
18h00						
18h15						
18h30						
18h45						
19h00						

SEMAINE N°.........

Date : _____

	Lundi	Mardi	Mercredi	Jeudi	Vendredi	Samedi
8h00						
8h15						
8h30						
8h45						
9h00						
9h15						
9h30						
9h45						
10h00						
10h15						
10h30						
10h45						
11h00						
11h15						
11h30						
11h45						
12h00						
12h15						
12h30						
12h45						
13h00						

	Lundi	Mardi	Mercredi	Jeudi	Vendredi	Samedi
14h00						
14h15						
14h30						
14h45						
15h00						
15h15						
15h30						
15h45						
16h00						
16h15						
16h30						
16h45						
17h00						
17h15						
17h30						
17h45						
18h00						
18h15						
18h30						
18h45						
19h00						

CONTACT CLIENTS

Note : _____

Client(e)	Téléphone	Adresse

Note :

CONTACT CLIENTS

Client(e)	Téléphone	Adresse

CONTACT CLIENTS

Note : _____

Client(e)	Téléphone	Adresse

Note :

CONTACT CLIENTS

Note : _____

Client(e)	Téléphone	Adresse

Note :

CONTACT CLIENTS

Note : _____

Client(e)	Téléphone	Adresse

Note :

CONTACT CLIENTS

Note : _____

Client(e)	Téléphone	Adresse

Note :

CONTACT CLIENTS

Note : _____

Client(e)	Téléphone	Adresse

Note :

CONTACT CLIENTS

Note : _____

Client(e)	Téléphone	Adresse

Note :

CONTACT CLIENTS

Note : _____

Client(e)	Téléphone	Adresse

Note :

CONTACT CLIENTS

Note : _____

Client(e)	Téléphone	Adresse

Note :

CONTACT CLIENTS

Note : _____

Client(e)	Téléphone	Adresse

Note :

www.ingramcontent.com/pod-product-compliance
Lightning Source LLC
Chambersburg PA
CBHW081518220526
45467CB00010B/2969